Boris Rozas

Rave

PAPELES DE TRASMOZ
La Casa del Poeta
Olifante. Ediciones de Poesía

Colección PAPELES DE TRASMOZ
Fundada en 2007 por Marcelo Reyes y Trinidad Ruiz Marcellán

*Edición conmemorativa del XLV Aniversario
de la creación de OLIFANTE. Ediciones de Poesía*

Rave
BORIS ROZAS

Este libro se ha editado con ayuda del
Departamento de Educación, Cultura y Deporte
del Gobierno de Aragón.

Editado por OLIFANTE. EDICIONES DE POESÍA
Diseño de la colección: Vicente Pascual
© De la presente edición: Olifante. Ediciones de Poesía
© Boris Rozas
© Fotografía: Boris Rozas
© Prólogo: Fran Soto
Reservados todos los derechos

I.S.B.N.: 978-84-128208-4-3
Depósito Legal: Z 786-2024

Impreso en España por COMETA, S.A.
Printed in Spain

Rave

Boris Rozas

Boris Rozas, por el autor

Moscas frente a poetas, alas frente a palabras. *Rave* se disecciona a sí mismo en una radiografía que deja al aire hasta el mismo hueso en su visión de nuevas propuestas y actitudes poéticas, una sinfonía de rock y metal electrónico, de amor matemático y su desintegración lógica que el amanecer trata de reducir a cenizas con cada puesta de largo. El plato no deja de girar, lo ha hecho toda la noche, pero ahora solo se escucha la aguja gastada golpeando de forma insistente, una y otra vez, el mismo viejo vinilo de «a Daft Punky Thrash».

Todo se repite, al desconectar nuestras baterías cargadas con el alba, las mismas ruinas de camino al trabajo con el primer café aun entre los dientes de la mañana, las mismas derrotas repetidas que se iluminan con cada nuevo «unplugged» de farolas; Rozas lo sabe y con la misma insistencia sus versos se rebelan contra un destino que parece ser innegociable.

La verdad es un delirio disfrazado de perfección sobre la cadena de montaje que da forma a nuestros sueños, si se rasca sobre las vetustas paredes de las ciudades solo se encontrarán nuevos cementerios construidos sobre viejas necrópolis. A la vida le sobran panteones habitados por suicidas ilustres, incluso le sobran todos sus soldados muertos. Cuando Gilmour y Waters escribieron *Wish you were here* no deseaban, probablemente, el retorno de Syd, ni siquiera lo echaban de menos, en sus pesadillas menos lisérgicas solo suspiraban por volver a los tiempos del LSD, a la belleza innovadora de proyecciones de pintura y psicodélicas jam session retorcidas hasta la demencia, donde nuevos sonidos hacían bailar desenfrenadamente las maniqueas formas femeninas, suspendidas sobre las cornisas de su propia decadencia anticipada.

Con cada pliego de versos, con cada poemario cerrado, el autor de *Rave* evidencia su búsqueda, su necesidad y en este trabajo, al igual que Bangalter y Homem-Christo, lo hace bajo el metafórico metal de un casco envolviendo su identidad, borrando huellas dactilares, ajustado en la disimulada piel de unos finos guantes; no importa realmente quién es, sino lo que experimenta, lo que provoca en los demás y le hace transcender en su abandono, una vez más, de la caverna, en la eterna huida de la ignorancia en la que anda sumido este intenso poemario con el que Rozas vuelve a sorprendernos.

Y para muestra, un botón (más bien la cremallera que ajusta a la perfección el talle de esta elegante cazadora de cuero negro que es *Rave*) en los últimos cinco versos del poemario, dedicados a Grace Coddington en *El otoño según Anna Wintour* y que cierran a modo de sentencia irrefutable este trabajo de Boris Rozas, incluso me atrevería a decir, una trayectoria.

Una última recomendación antes de comenzar a leer «La ceniza que nos resta»: seleccione su disco preferido, ya sea funky, rock, grunge, ya sea Morrison, Pink Floyd o Bowie y dispóngase, estimado lector de poesía, a disfrutar de la alta fidelidad de una partitura de versos escrita como es muy probable nunca haya «leído-escuchado» antes.

Fran Soto
Poeta y promotor cultural

Jamaica plain

Hoy un poeta es como una insignificante
    mosca
en la pared.
Envuelto en el silencio eterno de sus alas
cámara en mano
se reencarna a diario
fotografiando instantes a plena luz del día,
como una presencia fantasmal
que se reduce a sí mismo
a la mínima expresión del folio
en blanco.
Le aguarda el frío de las distancias suspendidas,
la devastación de un calendario
con fotos antiguas de los hijos;
le aguarda la lluvia,
le aguarda la lluvia tras la pared blanca
como una corona de bocas
que se conjugan en una sola.

Le quedan la música y la geometría
de los besos
al caer la sal de la tarde,
como espasmos de tiempo
que traducen los acordes
de la ceniza
que nos resta.

Ya desertaron las ropas caras,
las corbatas invisibles,
los perfumes con olor a mar
y sueños ahogados
en la voz misma del jardín
de la lágrima fácil.
Soy un poeta *neo-noir*
asesinado por su tiempo,
fácil de llevar a los altares
antes de oxidarse
entre
sus propias ruinas.

En efecto no se sabe a ciencia cierta
el porqué del poeta que se empeña
en construirse a sí mismo
como un castillo sobre la arena,
como el viejo cangrejo ermitaño
que levanta su edificio de versos
sobre playas vacías
de espaldas a la marea.

Le confunden los años que se suceden
desmemoriados
lo que sin duda fue en otro tiempo
y en lo que ahora se ha convertido,

el eco de fondo
de las voces crispadas
que callan a la hora del té,
sobre los cimientos
de una patria
que ya ni te nombra,
poeta.

Hoy volveré temprano a la estación elíptica
del distrito de La Defénsé
a sentarme en las escaleras del Gran Arco
mientras le doy vueltas a la quietud anterior
de la plaza de los Vosgos,
donde apenas hay niños y turistas
inmortalizándose
frente a la casa de Víctor Hugo.
Me pregunto qué pensaría él
si los viera desfilando ante la sombra
de su fama
sin apenas saber de la triste realidad de su
   dramaturgia,
él que fue un autodidacta
convencido de ser el nuevo Chateaubriand
o no ser nada,
tú que de la nada
te mueves como en secreto por el mundo
para ser algo parecido

a un buen mapa
de ti mismo.

Soy el sueño de Gerardo Diego,
que aún le tiene miedo al mundo
mientras se debate por una almohada
con su padre,
como a veces soy la lluvia
de Jorge Luis Borges,
que oye caer a los hombres
por precipicios que no existen.
Soy Sylvia Plath
recordando con un nudo en la garganta
los suburbios de Jamaica Plain
antes de quitarse la vida,
como a veces siento que soy Jim Morrison
a los 27,
acariciando dócilmente a Pamela Courson
mientras la gota de lluvia de Borges
otra vez se detiene apacible
en su ventana.

Recién sentado en su silla de mimbre
en la terraza abierta a la calle,
el poeta imagina la belleza
como segada
por un hacha invisible,
convertida en gafas de sol de marca
y largas propinas.

Luego se levantará de allí
teléfono en mano
y echará a correr de nuevo
mientras trata de escuchar el rumor de los
    barcos
que recorren el río
en un último trance.

Su corazón es un suspiro
sobre una mesa de café vacía.

Alex, de Venice, camina tranquila
mientras cae la tarde de su última vida,
la del marido que se ha ido
porque no se reconoce a sí mismo
en el espejo,
la del padre con principio
de alzhéimer
que trata de memorizar
un modesto guión de apenas diez líneas.
La del hijo que se siente
como partido en dos
mientras dibuja
los contornos de la niña
más pretendidamente guapa de su clase,
la del muelle con surfistas
que suspiran por comulgarse
un rato con las olas de juguete.

Alex, de Venice, camina tranquila
mientras cae la tarde
de su última vida,
no sabe asar carne en la barbacoa
pero tiene tiempo de aprender.
Otros escriben poemas más rotundos
al tiempo
que aprenden a volar
entre los muertos.

La carretera aún no ha llorado
a su última víctima
cuando mi cadáver ya se enfría
en las cunetas de Courbevoie.
Autobuses de turistas
con memoria de pez
transitan a mi lado con cuidado,
como queriendo salirse
de la fotografía.
Aquí también cae la tarde
sin mayores contratiempos,
los edificios acristalados
contemplan en silencio el espectáculo,
borran toda huella
de lo que otrora fueran grandes brazos
como jardines.
Tirado en una vía de servicio
yace el cuerpo de un soldado
que contaba
haber visto ya demasiado.

Costello se está muriendo
por ser un inadaptado,
no logra traducir en respiración
sus impulsos de filantropía.
La tinta de los heptápodos
se ha transformado en angustia
para nuestra especie,
lo último que escribió
se parece demasiado
a un buen poema
de Henrik Nordbrandt,
una rosa que ya no es roja
sino negra, una piedra caliente
en el arrecife de las miradas.
Costello se está muriendo
por haber amado
cuando tú no estabas.

La Closerie des Lilas no ha oído hablar de
   vosotros
en sus seudotertulias de nuevos intelectuales,
la canción de otoño de Paul Verlaine
es tan solo un reclamo más
que llevarse a la boca,
como ese *Steak Hemingway*
al whisky
que anuncian con frivolidad
en la carta de comidas.
La lámpara de resplandor pequeño
me espera aún
en un rincón de alguna parte.

Mi cementerio estará junto al de Robert Desnos
a escasos metros de la librería Hachette,
esa donde dicen que nació
Baudelaire.
Mis tres árboles lo serán como de bolsillo,
los tres discos de Ludovic Navarre
y su banda precursora
del French Touch.
Plomo en el aire procedente de la catedral,
sangre que ha perdido el aliento
escuchando música negra
de los Estados Unidos.
Es de noche
y nosotros dormimos
mientras cargan los teléfonos
móviles,
me acuerdo de Mestre
en La tumba de Keats:
estas calles
son la frontera de mi vida.

Rave

Limpiando los restos de la *Rave* donde nos
    conocimos
en aquel edificio High-tech de principios de
    los 90,
vosotros dos encerrados
en la perpetua noche de las cajas de ritmo,
yo reventando por dentro de tanto esquivar
balas de fogueo
convertidas en rosas sin espinas,
pronunciando otros nombres entre calada y
    calada,
respirando suavemente
el humo de los taxis
que nunca atienden una mano
hecha con hojas de acacia.
Mientras el pueblo duerme la borrachera
después de dos *te quieros* y medio,
junto al viejo Liceo Carnot
late el corazón roto del poeta John Donne

antes de hacerse con mis ojos
para siempre,
abandonados por la escasez de la industria
de las dudas.

Thomas era fan de la Velvet,
yo sólo un viejo druida
que trata de partir el muérdago
con los dientes.

Un Mario Testino de andar por casa
está haciendo una sesión
de baja costura
cerca de las columnas de Buren,
mi hijo salta entre las modelos
para agarrarse a la cometa de Vallejo,
todos
se sienten humo.

El detective Vincent Hanna observa.
Observa cómo se divierte la multitud
que le extraña
mientras escucha por el auricular
la lista de actuales cargos
contra Michael Cerrito,
observa a los soplones de collares caros
que se han quitado
un peso de encima esta noche,
enciende un cigarro con intención
de esconderse
entre el humo,
desconecta su vida
en un garito de lujo
de Alvarado.

No quiero imaginarme lo que verás en unos
    años
en mi espejo,
plagado de cicatrices invisibles
que el tiempo no ha curado
pese a lo que nos habían dicho.
Reaparecerá el animal salvaje
al observarse al trasluz
sintiéndose crisol
de un nuevo tiempo,
como Guy-Man a los 17
con su Spectrum de sobremesa
mientras compone los temas de Darlin´,
en una habitación tan imperceptible
como el regreso.

Autorretrato de dos hermanos paliativos
en la azotea del Beaubourg de París,
en esa noche de agosto
donde queda terminantemente prohibido
malgastar el tiempo
en conversaciones sobre la muerte
y alrededores,
imperfecta perfección
la de aquellos que se conmueven
con el ritmo machacón
de la música de baile.

Can you feel the bass?
suena ya en los viejos platos del DJ
de Soma Records,

mientras los cuerpos de mis hermanos
reverberan ya
contra otro mundo.

Virginia retiene el sabor frío
del arroyo.

Descendiendo desde la montaña
el agua común
vuelve a deslizarse suavemente
entre sus pies,

esta mañana se ha de llevar
para siempre
los sinsabores de dos almas
que lucharon por pertenecerse.

Pero las pesadas piedras
que alborotan ahora sus bolsillos
son todas las horas que ha pasado
escribiendo en su prisión
de Sussex,

mientras Leonard decidía si subir
o no
esa escalera
hecha de arenas movedizas.

Los dos hombres han nombrado un sucesor
para Pedro Winter.
Más allá de *Positive Education*
cosechan los frutos simultáneos
antes de partirse en dos
y comenzar a marchar
en círculos.

Montmartre es el último reducto
para los poetas rotos,
para las sílabas cojas.

Ya sea en tu pecho
o en mi cara,
las palomas sacuden sus alas
con fuerza
en la cuenca de los ojos
que nos persiguen,

se reconocen a sí mismas
en este campo de batalla
para ciegos.

Oigo que los hermanos
pasan la mayor parte de su tiempo
siendo amables con los demás,
como si fueran un mantra
de copia y pega
que se conforma con ser
bien visto.

Maya, de Virgin Records, asiste atónita
a vuestra representación
de la vida entre paredes y cables.

Mas le valdría
deshacerse sobre el vinilo,
para girar eternamente
como un pretexto.

Quemarse de nuevo en las llamas del verano
de los fantasmas
oyendo a lo lejos el susurro
de las sutiles circunstancias de Tennyson,

dos niños jugando como locos
en medio de todas las calles,
dos cadáveres que se deslizan
por sinuosos cementerios
de césped sin adornos.

Quemarse de nuevo en las llamas
del verano de los fantasmas,
ser un cromo repetido
encima de la mesa de un niño
que dice ser tu hijo.

Como un riff de guitarra escrito a sangre
en una bañera cutre,
te despertaste de tu pesadilla diaria
y fingiste tirarte por un balcón
mientras algunos te creímos todavía poseído
por el espíritu perturbador
del grunge.
Sobre viejos periódicos
bailamos todos juntos
hasta abrir en el tejido espacio-tiempo
un agujero de carne
de gusano,
con ratas viejas y arrogantes
que se retuercen torpemente
entre los restos de vasos y comida.
Tus pupilas dilatadas no me dicen nada nuevo
a estas alturas,
sin la pesadez de tus alas de Cobain de
    garrafón

no eres más que otro atardecer
que se lanza al vacío sin ideas,

que dice estar harto de fuegos fatuos
mientras se corta las venas
con cristales de cerveza barata,

que dice encenderse en todas las velas
como un falso creador
antes de vomitar lamentos
sobre sus palomas mensajeras.

Come y bebe como un semidiós
en tu escritorio de segunda mano,

sólo nos queda la puesta en escena
ya que también a mi me odiarás
cuando resucite nuevamente
de tus estanterías.

Sucede que los andenes se me antojaban ya
como imprecisos moldes
para tanto tener que esperar
entre bambalinas,
es por ello que me compré un reloj
   perpetuo
lleno de oportunidades
a balón parado,
con una carátula diseñada
por mi última conquista
de centro comercial,
una suerte de collage colmado de geometrías
a punto de reencontrarse.
Me compré también un apartamento
con vistas al mar
y escasos muebles
donde mi amigo Chris Shiherlis
pudiera tumbarse plácidamente
pensando una y otra vez

en cómo matar a su último corredor
de apuestas,
mientras yo le ofrezco algo de comida
    precongelada
para después preparar juntos
el próximo golpe definitivo.

Estoy libre, le dirá a ella,
mientras piensa en cómo dar un volantazo
a su vida
con ese coche de trescientos treinta caballos,
preparado para huidas
en las que nunca se debe dejar nada atrás.
Nos lo dijo Jimmy McElwain en Polsom,
seguro que él tampoco tuvo
suficientes filetes
en la nevera.

Mi espada y mi escudo yo los dejé en la
    antesala
de este mar en calma
inundado de los versos suspendidos
de Pessoa.

Mis hojas numeradas esparcidas
a merced del viento
aproximándose a un barco de ruidosos
    pasajeros,

blanca la espuma de esta repentina ola
de buenos recuerdos
que me ha inundado el corazón
con grandes muelles
sin horizonte.

Y yo que me creí el surfista James Cook
sobre la cresta invisible
de las metáforas a distancia

pero mi tabla resultó ser tan solo
otro lienzo envejecido,

otro templo sin vigilancia
donde una gigantesca pared de ladrillo
    caravista
ampara mi nuevo edificio
resistente al paso del tiempo.

Regreso a este mar en calma
cada vez que imagino un domingo por la
    tarde
presagio de todo lo que antecede
al orden,
buscando una ladera oculta
donde tomar el sol
en los labios azules de cualquier ola
para después frotarnos
la hierba contra el pecho humedecido
por la cera,

rascando los minutos en silencio
en la dulce espera del arrecife.

El amor no es lo esencial para el surfista que
        finge practicar
el *duck-diving*
en busca de buenas olas de barra,

James Cook fue asesinado un San Valentín
por aquellos que lo divinizaron.
A puñaladas, como el poeta que decide
      aproximarse
a la corriente de retorno
para así volver a tierra firme,
seguro
de reencontrarse.

Si por una vez tú y yo fuéramos capaces de
   retener
esa euforia insolente del comienzo del verano,
si poseyéramos por un momento sus raíces
y se pudieran deshacer las viejas nubes
de ese orgulloso tenebroso
que habita entre rincones,
se consumaría la tormenta interior
entre las alamedas de nuevo diseño,
volvería a sonar *God's Plan*
en el pabellón de los jóvenes
de aspecto absolutorio
y miradas tramadas al acecho,
que se aman tan sólo en parte,
más pendientes de parecer escarcha dominante
en territorios pálidos.

Ahora que retorno a los muros de la infancia
para que mi llama prevalezca

y no se apague,
sería esta tarde de julio
un buen comienzo
para otro pequeño inventario
de recuerdos.

El otoño según Anna Wintour

La joven que se sienta a mi lado
y sonríe cansada
sin apenas palabras
mientras las músicas de fondo jamás tocadas
se convierten en suave melodía
para los versos libres
que aún se cogen de las manos.

Porque metódicamente tu mano
sobre mi mano,
–ambas entrelazadas hacia ninguna parte–
son toda una declaración de principios,

como una suspendida alfombra
de pétalos de acero
convertida en pasto
para animales tradicionales.
Somos una cruel botánica de especies raras,
carne de cañón
para otra quema controlada de rastrojos.

Como el cielo abierto
buscará el poeta
los jardines de la fama,
cuando ya no alcance a verlos
volverá a posarse
sobre los curiosos nidos
del amor,
construidos con ramas podridas,
horas secas
y silencios
que no terminan nunca.
La banda sonora la pones tú,
el viento
persigue a otros amantes
más lejanos.

No me esperes entre tus cascos
sobre la hierba,
escribiendo poemas cursis
sobre romeos y julietas
de andar por casa.

Junto a ti
un joven tumbado
con los brazos acurrucados en la sombra,

otro mira su móvil
como el que huye
de ojos ajenos.

Sois cuatro apenas en unos metros,
a pesar de lo profundo
de la herida
que os separa.

Naufragamos
el día que elegimos
el silencio,

no me esperes.

Por el énfasis que pongo en el empeño
de ser un replicante
llegado desde el mañana,
brindaremos porque la policía secreta
del maestro Ginsberg
nos arreste mientras estamos trabajando
en nuestra nueva interpretación
del *glam*.

MISS SARAJEVO

El vídeo grabado con el teléfono móvil
de mi vieja escuela convertida ahora en
    bosque innecesario
donde siguen creciendo en silencio
todos nuestros fantasmas.
Puede que los deberes ya estuvieran hechos,
que no nos aguarde otra Miss Sarajevo
paseando inadvertida
entre las ruinas
de nuestras guerras infantiles.
Se perdieron nuestras huellas en el mundo
sin apenas darnos tiempo
a girar la cabeza,
sólo nos queda el sol que fundía
los corazones
al ocre de las parcelas,
tengo cuarenta y seis años
y aún recelo
de la timidez del mediodía.

Tú seguirás echada seguramente
en algún parque tranquilo repleto de pájaros,
o tal vez ya estés fondeando
en alguna cuneta río abajo,
lo desconozco.

Sé que un rostro que ha sentido
el miedo
ya no vuelve a creerse prisionero,
como sé que un patio
que una vez fue libertad
nunca se quedará desierto
del todo.

Sarah mira a James con la fragilidad
del pájaro,
sentada sobre sus múltiples esperas
de piedra.
James solo sobre el muelle
es como una enorme metáfora
del silencio
hecha a base de finales felices,
donde puede que acaben al fin
los miedos
y se reescriban
de nuevo
historias como la tuya.

Mañana seguramente a la misma hora
colgarán el cartel de no hay billetes
en la misma ventanilla donde se alzan hoy
los besos dormidos
de los que fingen morir de amor.

Una vieja locomotora sin conductor
sin mercancía y en silencio
deslizará su tiempo
sobre los raíles de esta estación nueva.

Pronto llegará hasta aquí la sombra traicionera
de los árboles,

no quiero que esperando este último tren de
    la tarde
veas mis lágrimas
cuando se refugien
en la desolación
del canto de los pájaros.

Anna Wintour ha aceptado rodar
este largometraje documental tipo
    fly-on-the-wall
mientras la otrora modelo Grace Coddington
vuelve a nacer en la Isla de Anglesey, Gales,
con una cámara entre las manos
y dispuesta a inmortalizar el mundo
como si de una poeta se tratara.

Le pesan los párpados por las quemaduras
del accidente,
le duele la piel fina y pálida del artista
que nunca se tomará
unas merecidas vacaciones.
Hoy un poeta es como esa insignificante mosca
en la pared
que sólo Grace
fue capaz de imaginar
en movimiento.

Boris Rozas, vallisoletano de Buenos Aires, poeta de amplia trayectoria con diecisiete poemarios publicados, entre ellos *Ragtime* (CELYA, 2012), *Invertebrados* (Premio Pilar Fdez. Labrador, 2014), *Las mujeres que paseaban perros imaginarios* (Premio Umbral, 2017), *Annie Hall ya no vive aquí* (Premio León Felipe, 2018) o *Lugares a los que volver con el buen tiempo* (Valparaíso, 2022). Ha recibido numerosos premios por su obra, destacando el Internacional de Fuente Vaqueros, León Felipe, Pilar Fernández Labrador, Francisco de Aldana o Gonzalo Rojas.

En esta edición se empleó papel *Athenea* verjurado ahuesado de 120 gr/m^2 y cartulina *Rives Tradition,* color marfil claro, de 170 gr/m^2. Se han utilizado los tipos *Felix Titling* en el cuerpo 50 y *Garamond* en los cuerpos 7, 8, 9, 10, 11, 12 y 14. Color pantone 5555 U y 5245 U

Rave

de

Boris Rozas

Volumen 116 de los
PAPELES DE TRASMOZ
de la Casa del Poeta
editado por
OLIFANTE. EDICIONES DE POESÍA

Se imprimió en
los Talleres Editoriales Cometa, de Zaragoza,
cuidando el proceso técnico Albertina Lisbona,
y fue encuadernado por
Encuadernaciones Raga, S.A.
El libro quedó terminado
el día 1 de mayo de 2024

LUIGI MARÁEZ
Toda la culpa fue de Bécquer.
Monasterio de Veruela. Soria. Sevilla

LUIS MARÍA MARINA
Nueve poemas a Sofía

ENCARNACIÓN PISONERO
Permiso para embalsamar

AMPARO SANZ ABENIA
Crisálida

AHMAD YAMANI
Refugio de huesos (Selección)

PEDRO SERRANO
Entran Jazmines en casa

FERNANDO AÍNSA
Capitulaciones del silencio y otras
memorias

JAVIER RAMÓN JARNE
Libro de los cometas

ESTELA PUYUELO
Todos los gusanos de seda

CHUSÉ RAÚL USÓN
Candalieto/Piedra angular

INMA BENÍTEZ
A todos mis amores

KRISZTINE TÓTH
El sueño de la amante
I Premio Marcelo Reyes a la
Traducción, 2016

JOSÉ ANTONIO CONDE
Témpora

PABLO JAVIER PÉREZ LÓPEZ
Otoño en los Urales

FRANCISCO J. PICÓN
Instantáneas entre penumbras

KEPA MURUA
Poemas de la servilleta

KADHIM JIHAD
A las afueras de todos los países

JOSÉ MARÍA SERRANO
Presencias del ser inmediato

GALO ABRAIN NAVARRO
La rabia no muere aunque le cortes la
cabeza al perro

JOSÉ HERNÁNDEZ POLO
Supervivientes (Antología de poemas)

LULJETA LLESHANAKU
Lunes en siete días (Selección)
II Premio Marcelo Reyes a la
Traducción, 2017

ELISA BERNA
El camino de los solos

FERNANDO GIL VILLA
La voz y el sigilo

CARMEN ALIAGA
Libro huérfano

ANABEL CORCÍN
Materia orgánica

MOHSEN EMADI
Suomalainen Iltapäivällä

TRINIDAD RUIZ MARCELLÁN
Traducción del silencio

ARCHI DE CONSUELO
Comer poesía

KATARÍNA KUCBELOVÁ
Una pequeña gran ciudad

SERGIO GÓMEZ GARCÍA
Error de la luz

LOURDES FAJÓ BARRIO
Y no se rompió la luna

CRISTINA GRANDE MARCELLÁN
Nieblas altas

MARY O'MALLEY
Donde las piedras flotan

MARY O'MALLEY y MOYA CANNON
Dos poetas irlandesas